无人车，集结！

王懿墨　屠正阳◎著　东千兔兔◎绘

北京科学技术出版社

无人车，来了！

无人车飞驰而过，
我们将指挥一支由它们组成的"无人军队"，
配合特战队员进行城市作战。

已进入作战区域，
正在搜索目标——

嗡

光电转塔

协助无人战斗侦察车完成近距离侦察、监视、探测等任务的装置，内部装有红外热像仪、摄像设备和激光测距仪等。

哔哔哔……

无人战斗侦察车，启动！

敌人就潜伏在一座废弃的城市中，
他们早已布置好了防御阵地。
我们如果贸然进攻，肯定会遭遇埋伏。
"还记得你们学过的战术吗？执行任务前，
建议你们用无人车对周边环境进行侦察。"
指导员的声音从单兵终端中传来。

遥控武器站

可根据任务需要安装不同口径的机枪。

供弹箱

可携带一定量的弹药，保证机枪火力充足，而且有防止机枪卡壳的特殊设计。

履带式底盘

和坦克的底盘类似，但履带由橡胶制成。不仅能使无人战斗侦察车轻松翻越土坡、沟壑，攀爬楼梯，还能减小车辆在行进时的声音。

无人战斗侦察车

能代替战士在恶劣、危险的环境中执行侦察任务。只要电力充足，就能不间断地在各种环境中搜索敌人，并将侦测到的信息及时传给我方全体人员。

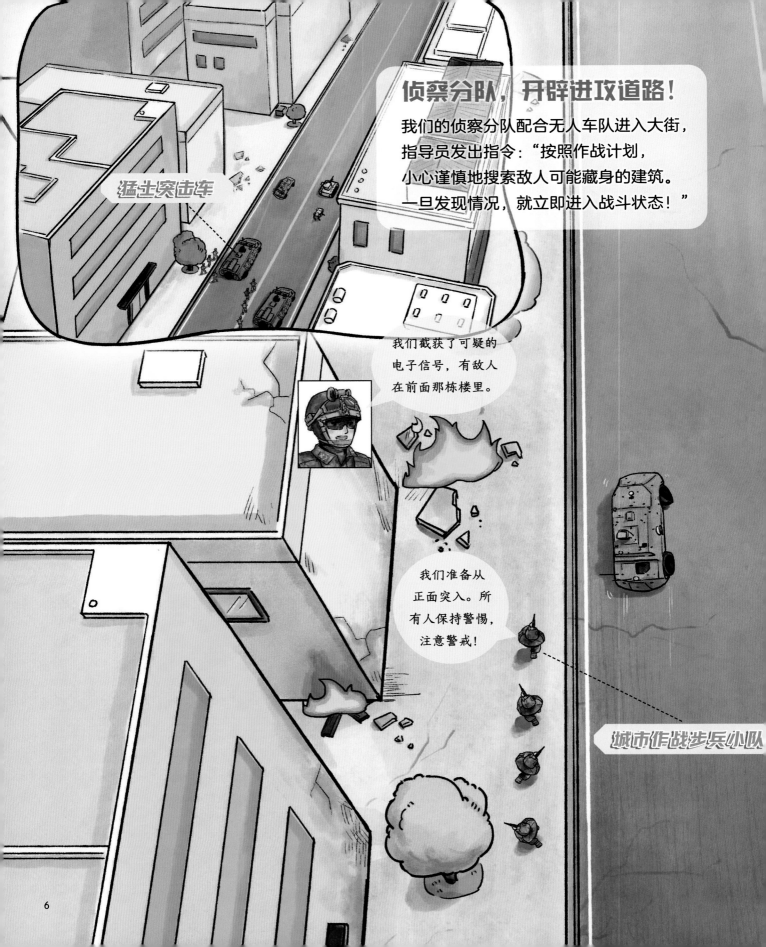

侦察分队，开辟进攻道路！

我们的侦察分队配合无人车队进入大街，指导员发出指令："按照作战计划，小心谨慎地搜索敌人可能藏身的建筑。一旦发现情况，就立即进入战斗状态！"

猛士突击车

我们截获了可疑的电子信号，有敌人在前面那栋楼里。

我们准备从正面突入。所有人保持警惕，注意警戒！

城市作战步兵小队

微型侦察装置

它又叫"侦察球"，也是一种无人侦察装备。

开始秘密潜入！

侦察分队到达大楼正门后，
发现入口已被狡猾的敌人用木板封住。
一名队员从木板缝隙丢入一枚特殊的手雷。
这枚手雷并没有爆炸，
反而飞快地向楼内的大厅滚去……

侦察手雷

和实心球差不多大，可随身携带。从中间分开的两个半球可以作为轮子行进。

敌人可能从后方偷袭，注意保持警戒队形。

先用侦察手雷摸一下情况。

我们必须快速控制这个房间内的全部敌人，以免大楼里的其他敌人警觉。我来看看敌人都在哪儿。

穿墙雷达

能隔着墙壁探测敌人的位置，甚至能探测到他们的呼吸声和心跳声。

信号显示有两名敌人。距离太近了，进入屋内会被发现！

可透视的穿墙雷达

敌人没有发现我们进入了大楼，
战士们根据侦察手雷提供的信息走上楼梯。
二楼的房间里有说话声……
嘘！敌人离我们很近！

室内近距离作战（CQB）注意事项

1. 确认敌人位置，制订点对点进攻计划。
2. 选择最佳进攻时机，攻其不备。
3. 保持低姿持枪，降低中弹风险。
4. 时刻保持队形，互相掩护行进。
5. 面对目标不犹豫，迅速开枪控制敌人。

找找侦察
手雷在哪里？

室内搜索，别放过角落！

无人装备在室内作战中可以发挥很大作用，但室内有各种障碍，它们会不会被挡住？
要是室内没有灯光，在阴暗的环境下，它们还能和战士们互相配合作战吗？

①前方侦测到障碍，后支架展开。

②车身立起，计算角度，
前支架展开。

人眼在夜晚视觉能力有限。
有了它，夜晚在我眼中
就像白天一样明亮。

四目彩色夜视仪

能扩大视角，让佩戴者在
黑夜也能获得接近白天的
视觉效果和视野范围。每
个镜头还能拆下来作为手
持型夜视仪，十分方便。

这装备看起来就
充满了科技感！

前轮放下，前支架撑起车身，
支架辅助翻越障碍。

小型全地形无人车看起来结构简单，但是暗藏玄机。在战场上，我们可以依靠科技的力量扫除眼前的障碍！

④ 前后支架收起，无人车继续前进。

小型全地形无人车

战场上的"隐蔽尖兵"，体积小，非常灵活，能无声地越过台阶等障碍。

城市作战无人车

底盘的履带两端装有支架，支架可以撑起车身以便无人车攀爬台阶。配有小型雷达和可拆装的突击步枪，能配合战士一边上楼梯一边作战。反应速度快，不亚于一名训练有素的战士。

战场动态，尽在掌握！

战术奏效了！在运用无人车侦察后，我们赢得了先机。
支援我们的其他小队也陆续到达。
这下，敌人丧失了优势，被我们包围在了大楼里。

嗒嗒嗒——

履带式无人突击车

体积不算小，能抵挡轻武器的攻击，可装备榴弹发射器、重机枪、反坦克导弹等多种武器，是没有装甲车辆支援的敌方步兵的"终结者"。

履带式无人突击车，开火！

大楼内残余的敌人走投无路，只能在地下室垒起障碍物负隅顽抗。
履带式无人突击车冒着敌人的弹雨，一马当先，
战士们随之发起了冲锋。

敌人的火力减弱了，
我们一口气攻下他们的阵地！

多目标同步射击

通过人脸识别等技术,使无人车拥有自己的"思想",在战场上准确避开我方人员,自动锁定敌人并对敌人展开攻击的技术。

城市猎手的电子战

敌人的重要据点被我们突袭。他们显然不甘心失去这个阵地，从四面八方涌到大街上，整座城市变得喧闹起来。

"让城市猎手们出动，准备实施点穴式进攻。"指导员说道。

声学探测设备
能捕捉周围声波信号的装置，连人耳听不见的微小声音也能监听到。

巡飞弹发射器

电子对抗车
通过发射特定的电磁波干扰敌人的电子设备，能使敌人的通信设备失灵、无人机瘫痪，使敌人在战场上始终处于"失明"状态。可在有人驾驶和无人驾驶模式之间进行切换。

城市数码迷彩
主色调为水泥灰色，由黄色、白色和黑色的数码图案组成，适合在有大量建筑物的城镇中使用，能使车辆和城市建筑融为一体。

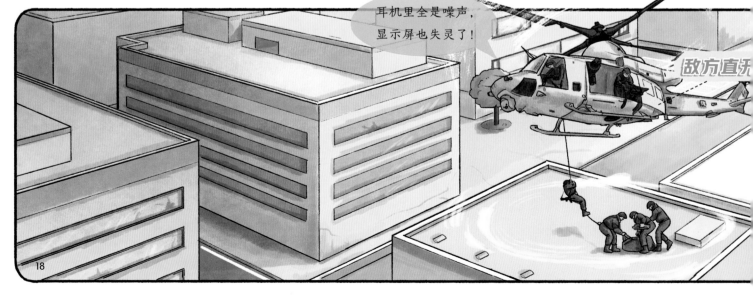

耳机里全是噪声，显示屏也失灵了！

敌方直升

多功能侦察车

不仅配备有使用红外成像、微光夜视、电子视觉、激光测距等技术的图像探测装置，还配备有声学探测装置和战场监视雷达，是集各种探测功能于一身的"战场感知大师"。

港战

也被称为"城市战"，是在城镇的街巷间进行的战斗。交战双方会为反复争夺一个据点而长时间战斗，因而这是一种非常残酷的战斗形式。

360°可旋转视频采集系统

夜视和热成像综合系统

激光雷达

毫米波雷达

完了，我们的
防线全完了！

无人轮式突击炮

我国自行研发的轮式突击炮改装
的无人战车。炮弹威力大，足以
击毁坦克。

有这么强悍的选手加入，
我们"无人军队"的实力
更强大了！

准备用巡飞弹攻击
楼顶的火力阵地，那些
是最后的敌人了！

重型无人装备，扫清街巷！

我们绝不能跟随敌人的节奏行事，
指导员决定派遣重型无人装备赶赴前线，
配合我们的主力部队，速战速决。

战场游骑兵——巡飞弹

"巡飞弹已成功锁定目标，发射！"
一种外形像无人机的导弹张开两组"翅膀"飞向天空，
在林立的高楼间快速穿梭。
眨眼的工夫，一团火光在楼顶的敌方阵地中燃起。

弹翼
平时折叠在发射筒内，在巡飞弹被发射后展开，能帮助巡飞弹在空中持续稳定地飞行。

巡飞弹
一种能同时完成巡逻飞行、监视、侦察和攻击任务的智能武器，能在目标上方低速巡航一段时间，待确定目标的准确位置后再发起攻击。

弹体

巡飞弹像战场上的幽灵一样神出鬼没，比导弹更难防御。

山猫防空车

装备有多连装单兵防空导弹，能拦截无人机、武装直升机等低空目标。

山猫火炮突击车

体形小巧，方便运输机进行运输和空投。除了装备有火炮，还装备有两枚反坦克导弹。

原来听说过我们的军工是"中国智造"，现在我们的军工已经发展成了"中国配套"！

这就是英勇善战的"山猫大家族"！

无人合成部队，整装待发！

我国的无人车家族最近增添了许多新成员，你都认识吗？
由全地形车改装的新型无人战车正在车辆研究中心的展馆中展出。

任务大师-XT 无人战车

德国研发的全地形无人战车，拥有 4 个巨大的轮子，能轻松驶过冰雪路面、砂石路面和山地等，还能搭载约 1 吨物资，像船一样浮渡过河。

在战场上，无人车可以逐步代替士兵完成高危、繁重的任务。

无人战车，大集结！

随着科技的发展，控制无人车远程作战逐渐成为主流战斗方式，而新型无人车的研制也成为判断各国军事实力的标准之一。那么，世界上都有哪些著名的无人车呢？

忒弥斯无人战车

由爱沙尼亚与英国联合研制，装备有标枪反坦克导弹和大口径重机枪，不仅可以作战，还可以作为无人拖车拖动比自身大得多的车辆。

ZDW01 式侦打突击无人车

我国研发的轻型履带式无人战车，主要武器包括一挺机枪和两枚红箭反坦克导弹。

黑骑士无人战车

英国研制的无人战车，装备一门大毒蛇机炮，能伴随步兵战车一同行动，由士兵在步兵战车内遥控指挥。

VU-T10 履带式无人战车

我国研发的重型无人战车，外观酷似坦克，主要武器是一门小口径机炮，两侧还装有小型导弹，火力堪比有人操纵的步兵战车。

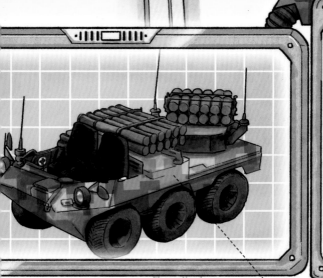

山猫火力支援车

装备有一座遥控武器站，可以装配小口径机炮等武器。

山猫火箭炮发射车

装备有多管火箭炮发射架，一次齐射可以发射 24 发火箭弹。

反坦克导弹

山猫综合补给车

可以加挂一辆四轮拖车，在战场上运输各种补给物资，为前线的士兵及时提供支援。

埋头弹火炮

发射的埋头弹拥有比同口径炮弹更快的射速和更大的威力，能击穿上百毫米的装甲。埋头弹比通常的炮弹小，能节省空间，便于运输。

山猫野战运输车

能搭载 30 多个油桶或小型弹药箱越野行驶，减轻人员的负担。

兰博无人车

以色列研制的轻型多功能无人战车，车身后方可加装巡飞弹发射器。

穆特机器人

美国研制的多用途无人车，服役于美国海军陆战队，被称为"陆军保姆"。

天王星无人战车

俄罗斯研制的无人装甲车，正面可抵御重机枪的射击，主要武器为小口径机炮和反坦克导弹。

未来的无人车一定
还会"进化"！

雷克斯 MK2 战斗机器人

以色列研制的无人战车，配有一挺轻机枪和一挺重机枪，能依靠自带的传感器和摄像头自主识别目标并射击。

无人装备，走向未来战场

在"无人军队"的配合下，我们赢得了战斗的胜利。
新的战争模式已经开启，将来的我们，
一定可以驾驭更先进的无人装备，活跃在未来的战场上。

六轴旋翼攻击无人机

比普通的旋翼无人机飞行更稳定，
还能挂载小型对地导弹等武器。

新时代的战场上，
用科技武装头脑才能提升
自己的战斗力。

全地形运输无人车

无人车在现代战争中有哪些作用?

无人车是现代战场上的智能武器,已成为现代战争中不可缺少的军事力量。它的主要作用有以下几个。

一、执行侦察任务。在执行侦察任务时,无人车因为体积小、隐蔽性好、行驶安静、不易被敌人发现等特点,成为战场上来去自如的电子眼。

二、执行作战任务。在作战中,无人车不仅可以装备火力强大的机枪、机炮等,还可以装备先进的计算机和传感器,是战场上勇敢无畏的战士。

三、执行后勤补给和协助伤病员撤离等任务。在后勤保障中,无人车可以 24 小时不间断地将弹药和其他物资送往前线,也可以冒着枪林弹雨救下伤员,是战场上勤勤恳恳的智能搬运工。

随着科技的不断发展,人工智能技术和 5G 通信技术将越来越先进,无人车也将越来越智能,在现代化战争中发挥越来越重要的作用。

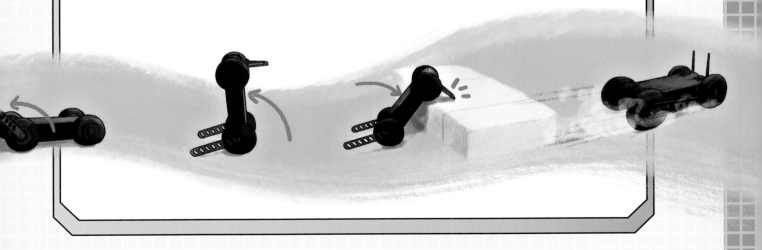

无人车对现代战争的影响有哪些?

随着无人车的大规模登场,无人车必将对战争产生深远影响。具体影响有以下几点。

一、使作战方式发生变化。无人车的广泛使用将使战争从有人向无人转变,人类将远离战场,成为幕后指挥者。

二、使作战手段灵活多样。无人车能够适应各种战争环境和战争形式,既可以使用武器攻击敌人,又可以使用电子设备收集敌方情报,干扰敌方通信和网络。

三、使部队编制发生变化。随着无人车智能化程度的提高,战场对于单兵的需求会越来越少,作战部队人员的编制会相应减小,而技术科研人员的编制将大幅增大。

虽然无人车对现代战争影响很大,但在智能控制和联合指挥方面,我们仍需不断研发和试验。无人车要完全取代人类走向信息化战场,还有很长的一段路要走。